UNE

CHANSONNETTE

DES

Rues et des Bois

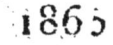

A CHAILLOT

& se trouve

A LA LIBRAIRIE DU PETIT JOURNAL

21, boulevard Montmartre, 21

1865

UNE

CHANSONNETTE

RUES ET DES BOIS

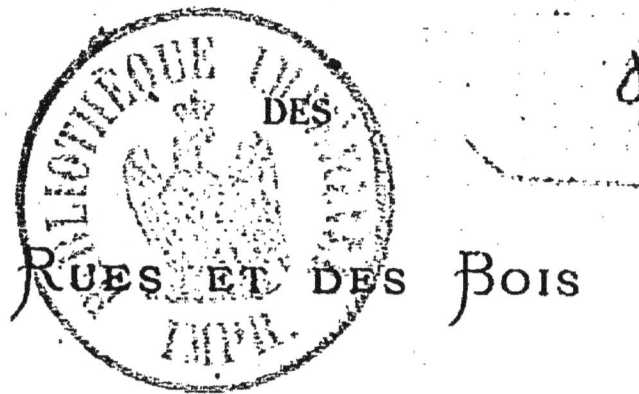

---⊙---

A CHAILLOT

1865

PRÉFACE

Celui qui écrit ces lignes n'a pas mission de dévoiler son nom. Venu de l'ombre, il n'aspire qu'après l'ombre. D'ailleurs, il ne cherche pas à défendre ces feuillets, abandonnés au vent d'orage. On y verra ce qu'on voudra, on en prendra ce qu'on pourra. Il est permis au penseur de regarder à la fois devant lui & derrière lui. Ce livre n'est donc pas seulement un livre, c'est un torticolis.

Peter's houſe, novembre 1865.

I

SANS CHEVAL.

Réveillons l'églogue antique :

Pinçons la taille à Fanchon.

Vive la *Maison rustique !*

Vive l'usine Tronchon !

Tout genre m'eſt abordable ;

Changeons de note à préſent :

Aſſez je fus formidable,

Je veux être ſéduiſant.

Je veux m'enfuir vers les ſaules,

Et, penſeur à l'abandon,

Tenir des propos très-drôles

Aux laveuſes de Meudon ;

Pour qu'on dife, à la montagne,

Pour qu'on dife, aux prés itou :

Celui qui bat la campagne,

C'est Olympio-Pitou !

II

A L'OSEILLE

Sous la tonnelle parée

De rayons & de parfums,

J'accommode une purée

De noms propres & communs.

Et ma muse, qui s'essaie

A l'école du buisson,

Exproprie Arsène Houssaye

De ses nappes de cresson.

A moi le thym & le hêtre !

A moi la cîme & le val !

Dieu, c'est un garde-champêtre,

Agent du maire Idéal.

Pour casque, il a la feuillée ;

Pour sabre nu, le soleil ;

Et sa plaque fut taillée

En plein firmament vermeil !

Soyons bon, quoique sublime,

Familier & tolérant.

Jabotons avec l'abîme ;

Disons : « Ma vieille ! » au torrent.

Confondons l'aire & la mare,

Et mêlons, — douce leçon ! —

La Genèse au *Tintamarre*,

Homérus à Commerson.

Soyons même un brin canaille ;

Parlons l'argot de Pantin ;

Allons chercher Lafouraille ;

Qu'on amène Corentin.

Au bouchon, où j'aventure

Mon oreille auprès du feu,

Sachons ce que la friture

Fredonne au petit vin bleu !

III

QU'IL N'Y A QU'UNE FEMME AU MONDE

Qu'on l'appelle Cydalise,

Antiope, Elifabeth,

Suzon, Violante, Life,

Toinon, Toinette ou Babet;

C'est toujours la même femme;

Charmant problème attifé;

C'est la même grande dame,

Et le même chien coiffé.

Pour moi, je les aime toutes,

Qu'elles vivent fous un dais,

Ou que fur les grandes routes

Elles guident les baudets.

Collier divin que j'égrène

En ce temps de renouveau !

Celle-ci dit : — « Ma migraine ! »

Celle-là dit : — « Notre veau ! »

Béranger a des Lisettes

Pouvant servir encor bien,

En arrangeant leurs risettes

Au style néo-païen.

Ma chanfonnette lafcive

Ne demande qu'à voler,

Et même un peu de leffive

Ne me fait pas reculer.

Çà me change, moi, le mage

Et le prophète effaré,

De voir Colinette en nage

M'apoftropher dans un pré,

Et, flamboyante carogne,

Fourche en main, crier, oui-dà :

« — Çà va cesser, ou je cogne !

« A-t-on vu cet enflé-là ! »

IV

PLUS D'ANTITHÈSES, PLUIE D'ANTITHÈSES

C'eſt convenu. L'on s'en laſſe.

On n'en veut plus. Ici gît.

Soit. C'eſt dommage. Tout paſſe,

D'Arlincourt & Marchangy.

Soyons simples. Adieu, fête.

Me voici flûte; adieu, cor!

Je suis brise; adieu, tempête!

Je suis..... Allons, bon; encor!

O l'antithèse tenace!

Le procédé forcené!

O trope, à ta double face

Que je suis acoquiné!

Je suis le doigt; toi, l'écorce.

Je suis poisson; toi, filet.

Qui vaut mieux, du tour de force

Ou du tour de gobelet?

Vous aimez Tours; moi, Dunkerque.

Votre goût dit foin au mien.

Parmentier vaut Albuquerque;

Saprifti vaut Nom d'un chien.

La canne sied au podagre,

Le zéphyr sied au roseau,

Tout critique est un onagre,

Tout poète est un oiseau.

Ainsi babille ma muse ;

Tout est de se mettre en train.

Je peux, si ça vous amuse,

Aller jusques à demain.

Myosotis & pivoine !

Spartacus & Trou-bonbon !

Saint-Vincent & Papavoine !

Aurore & brume... Ah! c'est bon !

V

UN PEU DE MÉLANCOLIE

Parfois, il me semble entendre

Des bourdonnements lointains :

Je me penche, & crois comprendre

Qu'il s'agit de mes refrains.

On me discute, on m'affirme ;

Paris d'articles est plein.

Un journal dit :— « Quel infirme ! »

Un autre dit : — « Quel malin ! »

Moi, je souris. Laissez dire.

Dieu, dont l'arrêt est sacré,

De moi fit un homme-lyre :

Le vent soufflait, j'ai vibré.

Non, ce ne sont pas chimères

Les vers que je vais sonnant.

J'en appelle à vous, ô mères :

Vous savez le *Revenant !*

O place Royale ! ô place !

Souvenirs non décriés !

Jeunes gens, c'est moi qui passe ;

Cachez vos noirs encriers !

Jeunes gens ! je suis le maître.

Si l'un de vous raille ici,

Je lui pardonne. Peut-être

Est-ce un peu ma faute aussi ;

Car, dans ce livre-délire,

Qu'il fallait vous dédier,

Tel à qui j'appris à lire

Apprend à parodier.....

FIN

TABLE

	Pages
Préface	3
I Sans cheval	5
II A l'oseille	9
III Qu'il n'y a qu'une femme au monde	15
IV Plus d'antithèses, Pluie d'antithèses	21
V Un peu de mélancolie	27

Achevé d'imprimer

L'AN M DCCC LXV

le onzième jour de novembre

PAR ALCAN-LÉVY, IMPRIMEUR

A PARIS

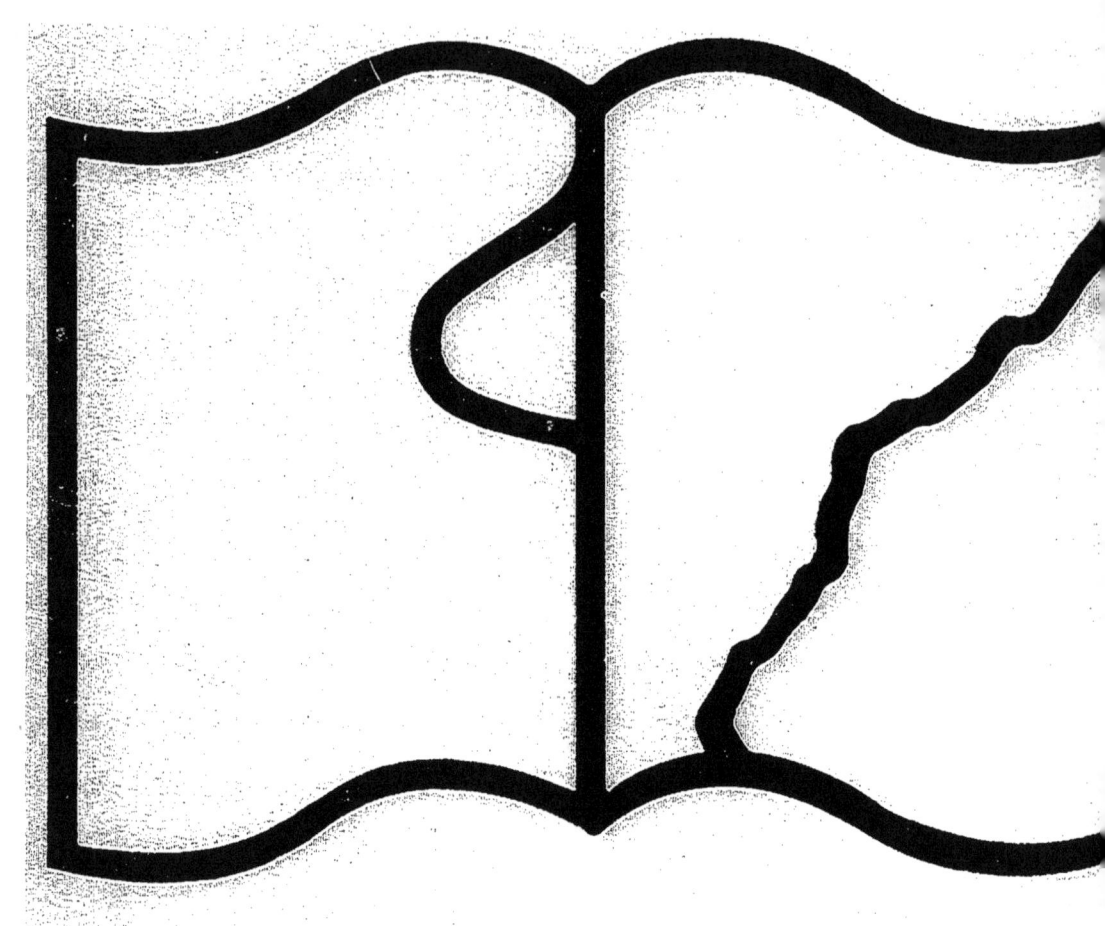

Texte détérioré — reliure défectueuse

NF Z 43-120-11

Contraste insuffisant

NF Z 43-120-14

www.ingramcontent.com/pod-product-compliance
Lightning Source LLC
Chambersburg PA
CBHW060726050426
42451CB00010B/1647